大家小小书
篆刻　王兴家

中国历史小丛书

新编历史小丛书

新编历史小丛书

仰韶文化

安志敏 著

北京出版集团公司
北京人民出版社

导 言

安家瑶 安家瑗

父亲安志敏先生于2005年去世，之后，他的一些论著还在陆续发表或再版。例如《中国近代考古学的一百年》《从东中国海看日本的吉野ケ里遗址》发表于2006年；《中国早期的黄金研究》和译作《考古学导论》于2008年问世；2015年再版裴文中先生的《旧石器时代之艺术》中，有父亲撰写的《裴文中教授和中国史前考古学》；2016年出版梁柏有编著的《我的父亲考古学家梁思永——思文永在》中，有父亲撰写的《梁思永先生和中国现代考古学》。在父亲去世十余年后，他的《仰韶文化》又要再版……

这让我们想起了臧克家的诗句："有的人活着，他已经死了，有的人死了，他还活着。"父亲一生勤奋，著述颇丰，正像他学生所说的那样，父亲是考古学界的常青树，无论是在他生前还是死后。父亲的学术生命之火，依然引领我们前行，这让我们倍感欣慰。

仰韶文化是距今约7000～5000年中国新石器时代的一种彩陶文化。1921年由中国地质调查所刘长山首次在河南省三门峡市渑池县仰韶村发现，故称之为仰韶文化。它是中国发现最早、最重要也是最著名的一种新石器时代文化。它揭开了中国新石器考古事业第一页，书写了中国田野考古史新篇章，具有里程碑意义。

1921年，瑞典学者安特生发掘了渑池县仰韶文化遗址，发现大量的彩陶，当时考古工作在中国开展得很少，没有其他遗址或器物可以参考。他认为这些彩陶不可能是中国本土的，提出中国彩陶西来说，当时这一学说被西方广泛认同。后来又在黄河中上游调查发现了若干类似的文化遗址。1926年起，中国学者李济、梁思永、尹达等先后发掘了山西夏县西阴村、万泉（今万荣）荆村、河南安阳后冈、浚县大赉店等遗址。1931年，梁思永在后冈第一次发现了商代文化、龙山文化、仰韶文化上下依次堆积的“三叠层”，从而明确了仰韶文化的相对年代，有力地驳斥了仰韶文化西来说。

新中国成立后，1951年，中国科学院考古研究所对该遗址进了小规模发掘，发现这里有4层文化层相叠压，自下而上是仰韶文化中期、仰韶文化晚期、龙山文化早期、龙山文化中期。1951年6月，还在北京大学读研究生的父亲跟随夏鼐来到豫西，对仰韶村遗址进行了第二次发掘，初步认定这里是一种仰韶和龙山的混合文化。1953年11月，父亲率领中国科学院考古研究所河南考古队再次来到豫西进行考古调查。1955年，在三门峡发掘了庙底沟遗址，共开方280个，发掘面积达4480平方米。这次发掘确立了庙底沟二期文化，揭示了中原地区仰韶文化和龙山文化之间的发展、继承关系。

1954年至1957年，中国科学院考古研究所对陕西西安半坡这一重要的仰韶文化遗址进行发掘，揭露遗址面积达10000平方米，获得了大量珍贵的科学资料。共发现房屋遗迹45座、圈栏2处、窖穴200多处、陶窑6座、各类墓葬250座以及生产工具和生活用具约10000件。

1961年3月，国务院将仰韶文化遗址定为全国重点文物保护单位。20世纪80年代和20世纪90年代，多个仰韶文化遗址被发掘。自1921年渑池县仰韶村遗址发现后，到2000年为止，全国有统计的仰韶文化遗址共5213处。仰韶文化主要分布在黄河中下游一带，以河南西部、山西西南的狭长地带为中心，东至河北中部，南达汉水中、上游，西及甘肃洮河流域，北抵内蒙古河套地区。

通过对仰韶文化遗址的发掘，以及对陕县庙底沟与三里桥遗址、洛阳王湾遗址和孟津妯娌遗址等的发掘，结合陕西半坡遗址等大面积发掘，考古工作者进一步明确了仰韶文化时期的基本面貌。仰韶文化的人们过着定居生活，拥有一定规模和布局的村落；原始农业为主要经济形式，同时兼营畜牧、渔猎和采集，主要的生产工具是磨制石器，生活用具主要是陶器，反映人们意识形态的埋葬制度已经初步形成。

庙底沟遗址的发现，解决了仰韶文化和龙山文化的分期，更重要的是解决了仰韶文化和龙山文化之间的关系。从而证明，中华民族的祖先从远古时代起经过仰韶文化、龙山文化直至商周，在黄河流域不断地发展并创造了高度的文明，为研究中国古代文化的发展提供了重要的实物例证。

父亲1964年初次发表的《仰韶文化》，是一本面向大众的通俗读物。书中以通俗的语言介绍了什么叫“仰韶文化”以及仰韶文化的村落和建筑、生产活动、手工业的发展、文化艺术和墓葬习俗。父亲写这本书是基于20世纪60年代以前的考古学资料，但现在看来仍不失为一本严谨、详细、全面介绍仰韶文化的读物。

一般能把通俗读物写好的都是大家。父亲能把这本通俗读物写好是与他的学术经历和研究深度分不开的。1948年，父亲毕业于中国大学史学系。他还在大学学习期间，就开始撰写论文。1945年，父亲在《天津国民日报》的《史地》副刊上发表论文《爵形原始及其演变》。从此一发而不可收，到2005年他离世之前，共发表专著10余种，论文近400篇。许多论著被译成英、日、俄、德等多种文字。晚年还用日文发表文章，为宣传中国的古代文化、加强中外学术交流做出了贡献。父亲的论文目录，只有1966年至1971年和1977年是空白，其他则年年不缺，皆有创获。父亲主持和参加发掘过数十处遗址和墓地，主编和参与编辑过多部著名发掘报告，为新中国考古学特别是史前考古学的发展贡献了自己全部的才智。

在新石器时代考古的研究方面，父亲着力最多，取得的成就也最大。自从仰韶文化和龙山文化发现以来，这两种文化之间的关系，就成为中国考古学界最为关心的问题之一。截至20世纪40年代的主流看法是，仰韶文化自西而东，龙山文化自东而西的东西二元说。但是，两者的关系究竟如何？尽管尹达早在抗战前夕就怀疑安特生在仰韶村的发掘包含着不同时期的堆积，但一直到

20世纪50年代初夏鼐率队再次赴仰韶村发掘时，还曾提出所谓“仰韶和龙山的混合文化”的看法。这个问题的最后解决，是通过父亲主持的庙底沟遗址的发掘完成的。

父亲在庙底沟等遗址发掘时发现，仰韶和龙山文化不仅有层次上的区别，在文化内容上也互不相同，并不见所谓“混合”的痕迹。庙底沟遗址发现的晚于仰韶文化的遗存，在面貌上既不同于仰韶文化，也与所谓“河南龙山文化”不同，而介乎两者之间。由此父亲提出“庙底沟第二期文化”的概念，认为它属于龙山文化早期的遗存，“具有由仰韶到龙山的过渡性质，最起码说明了豫、晋、陕一带的龙山文化是由仰韶文化中发展来的，对中国古代文明发展的连续性上提供了有力的线索”。

这是中国史前考古学研究的重大突破。它对于厘清仰韶文化的概念和内涵，全面审视仰韶文化与龙山文化的关系，进而认识中国古代文明的起源具有重大的学术意义。

仰韶文化和龙山文化是中国最早发现的两个史前文化。与讨论二者关系密不可分的，是二者各自的分期和分区研究。父亲根据新的考古材料，最先明确提出两种文化的分期和分区研究。考古学界所熟知的仰韶文化半坡类型、庙底沟类型的概念和“典型龙山文化”“河南龙山文化”“陕西龙山文化”的概念，都是由他率先提出的。他在20世纪50年代后期的一系列论文中，不仅对这些不同地区的龙山文化给予不同的命名，而且分析其异同，辨析其源流，将龙山文化的研究逐步引向深入。

经过类型学的比较分析，他明确指出，河南、陕西和山西的龙山文化，是继承了仰韶文化而继续发展的，至于“山东等地区的龙山文化则可能另有来源”，但又特别提出“至于最近所发现的许多缺乏黑陶或具有彩陶的遗存可能是它的前身”，这也就是认为山东龙山文化另有来源，以新沂花厅村、滕州岗上村和宁阳堡头等为代表的遗存（即后来为大家所熟知的大汶口文化），当可能是它的前身。

自20世纪30年代以来，长江下游

地区的史前文化就是被纳入龙山文化的范围之内加以考察的。梁思永曾经把龙山文化划分为山东沿海、豫北和杭州湾三个地区。随着田野资料的积累，父亲又把这三个地区扩大为沿海地区、中原地区和江浙地区，同时根据文化特征的分析，对各区内部进行了划分。比如中原区就被细分为豫东、豫北、豫西和陕西地区。

长江下游虽然暂时仍被列入龙山文化，但通过分析，父亲认为可能存在两类性质不同的遗存，可能代表不同的时代。但无论如何，它们都可能是一种“地方性的文化”，既不是仰韶文化，也不是龙山文化。后者虽可能受龙山文化影响，但并不属于龙山文化，而可能是由前者发展出来的。父亲敏锐地觉察出长江下游地区史前文化的特殊性和土著性。

同理，通过对文化因素的分析，父亲又指出黄河上游地区的齐家文化，“虽然近于陕西龙山文化，但也具有它自己的特点”，尽管他觉得这种区别的性质（究竟是文化之间的区别还是文化内部的区别）还有待于研究。实际上，尽管当时因为发现上的局限性，还不可能对各地史前文化的脉络做出更明确的分析，但是父亲通过类型学的考察，已经充分认识到各地史前文化的复杂性和多元性。这一点从他对仰韶文化、龙山文化特别是甘青地区远古文化的分析上，已经充分表现出来。

因为安阳后冈三叠层的发现，一般认为商文化是在龙山文化的基础上发展起来的，但是两者之间毕竟还有不少差别。父亲不仅详细指出两者的异同，更明确指出“殷代文化与山东、河南龙山文化之间，未必有直接承袭之关系”。

20世纪50年代中期在郑州发现“洛达庙层”以后，父亲率先指出以“洛达庙层”为代表的、广泛分布在豫中、豫西一带的叠压在二里岗下层之下的这种文化遗存，介乎龙山文化和二里岗商文化之间，虽把它列入“商代早期文化”中，但又明确认为寻找传说中的“夏”文化，这种遗存“便是今后值得注意的一个对象”。所谓以“洛达庙层”为代表的文化，就是后来学术界熟知的二里头文化。在同一篇文章中，他还明确指出，西周文化很可能是继承陕西龙山文化而发展的，因此他说“大体上可以这样假设：古代史上的夏、商、周的产生与发展都与龙山文化有着不可分割的联系”。这些说法，多数为学术界所接受。

无论就田野工作的数量和发掘面积而言，20世纪五六十年代的主要考古工作都可以说集中在黄河流域，这些工作逐渐在考古学上建立起仰韶—龙山—商文化的连续发展脉络。20世纪70年代后期裴李岗文化的发现，为仰韶文化找到了源头，无形中更强化了中原地区古代文化的土著性和连续发展性。因此，父亲成为“黄河流域是中国文明发祥地”学说的主要建构者和坚定支持者。

如上所述，他虽然承认周围地区古代文化渊源有自，即不少地区有所谓“地方性文化”的存在，但直到晚年，他仍然坚持自己的看法。20世纪50年代，他说：“黄河流域是中国文明的发祥地，我们的祖先在这块肥沃黄土原上创造了光辉灿烂的文化，这里不仅是从旧石器时代以迄于新石器时代人类的活动中心，甚至如传说中的‘夏代’，奴隶社会以及封建社会的统治王朝，也是在石器时代的基础上发展起来的。这种连续不断的发展与悠久的历史传统，是值得我们引以为骄傲的。”在总结新中国前30年新石器考古成就的论文里，父亲又说："总之，把黄河流域作为中国古代文化的中心，并不排斥其他地区也有古老的遗存和悠久的文化传统，以及它们在中华民族共同体形成过程中的积极贡献，不过由于黄河流域先进文化的影响和推动，在其整个发展过程中，始终是以中原为核心，特别是进入阶级国家以后，则表现得更加突出。"1996年，在为联合国教科文组织撰写的《中国后期新石器文化》一文中，他这样说："黄河流域是世界古代文明中心之一，特别是以中游为代表的中原地区在中国古代史上具有尤为重要的地位。新石器时代的农耕经济在这里经过长期的繁荣和发展，在仰韶文化的基础上成长起来的龙山文化，又进一步奠定了商、周国家出现的基础。至少这一系列继承发展，脉络清楚，同时也不断同周围地区进行文化交流和影响，在文明的形成过程中，当然也吸收了中原地区以外的许多文化因素。从而黄河流域是中国文明的起源中心，已成为无可怀疑的历史事实。”“以黄河流域为中心的古代文化，始终对周围地区起着推动和影响的作用，特别是进入阶级国家以后，这种核心作用就变得更加突出，为中国的统一做出了重要的贡献。”

如果说直到20世纪80年代初期父亲强调黄河流域特别是中原地区的核心作用，还主要是基于该地区考古工作多、文化脉络相对清楚、文化的连续性比较显著的话，那么20世纪80年代中期以后他仍然坚持自己的说法，就跟当时出现的“满天星斗”等中国文明起源多元论的某些矫枉过正有很大关系。在这一点上，父亲从不讳言他是一个“保守”的考古学家。在“文明”的定性上，他信奉有关经典作家的定义，认为“文明”与“文化”不同。“文明”标志着国家的出现，因此他认为二里头文化显然不同于还处在氏族公社的龙山文化，它有巍峨的宫殿建筑，精美的青铜器和玉器，以及陶器、铸铜作坊的存在，甚至还有了文字，表明这个时期国家已经出现了。但他又指出：“还没有确凿的证据可以把上述的遗存同传说中的夏代或者夏文化连接起来，因而夏文化的探索还是个尚未解决的问题。”反对在二里头文化和夏文化之间或龙山晚期文化之间画等号，表现了一个严谨的考古学家一以贯之的学风。这些看法，不仅广泛流行于国际学术界，也是20世纪80年代中期以前中国学术界的主流看法，影响深远。

2011年11月，在渑池县召开了“纪念仰韶文化发现90周年国际学术讨论会”，会上充分讨论了仰韶文化的学术影响，并比较一致地认为1921年仰韶文化的发现，标志着中国考古学的诞生。

同年，仰韶村中建成的“仰韶文化博物馆”向公众开放，博物馆广场上竖立着对仰韶文化做出贡献的四位科学家的铜像，他们是安特生、袁复礼、夏鼐、安志敏。村庄中大面积种植着白菊花和薰衣草，清风徐来，花草摇曳，似乎在向人们诉说着七千年的古老故事。

在《仰韶文化》再版之际，回顾仰韶文化发现发掘的历史以及父亲对仰韶文化的深入研究和学术观点，有助于年轻学者和普通读者对这段考古学历史的了解，从而更进一步地认识仰韶文化。

目　录

一、什么叫"仰韶文化"？

黄河流域，是我国古代文明的摇篮。早在远古时代，黄河两岸一望无垠的黄土平原和高原上，就有人类居住。到了距今七八千年前的新石器时代[1]，原始的农业开始出现。这以后，人们就能够用自己生产的粮食来满足基本的生活需要。生活来源有了更多的保证，于是便逐渐定居下来。许多原始公社的氏族村落星罗棋布地分布在河流沿岸高亢而平坦的地方，因为这里土地肥沃，又靠近河水，十分有利于农业和畜牧业。我们的祖先就在这块辽阔而肥沃的土地上，以自己辛勤的劳动创造着历史和文化。所以，这块土地上就留下了丰富的遗迹和遗物[②]。

1921年，考古工作者在今河南渑池仰韶村，发现了一处新石器时代晚期的村落遗址。在这处遗址里，有许多石器、骨器和陶器。制陶业是当时一个很重要的手工业部门，生产的陶器多数是粗陶，但是其中有一种彩陶，表里都磨得很光滑，表面还描绘着彩画，十分精美。后来，考古学家在黄河流域的其他地方又陆续发现了同样性质的村落遗址一千余处，其中经过重点发掘的有：陕西西安半坡，宝鸡北首岭，彬县下孟村，华阴横阵村，华县泉护村、元君庙，河南三门峡庙底沟、三里桥，洛阳王湾，郑州后庄王和林山砦等处。根据考古学上的惯例，以最先发现的仰韶村来命名同一系统的文化，于是，这许多性质相同的遗址，就被称作“仰韶文化”。

仰韶文化的分布，大体以黄河中下游的河南、山西和陕西为中心，西端直到甘肃境内的渭河上游，有少数遗址还到达洮河流域。河南以东，虽发现过一些彩陶，但还没有找到明确的仰韶文化遗存。南端沿汉水进入湖北，北端到达河北中部，陕北、晋北和内蒙古自治区南部也有不少仰韶文化遗址。

注释:

①考古学上，根据人类使用工具质料的不同，分成石器时代、青铜器时代和铁器时代。石器时代是人类历史上的初期阶段，统属于原始社会。它又可以分为旧石器时代、中石器时代和新石器时代三个时期。新石器时代开始于八九千年以前，是原始氏族公社的繁荣时期。

②考古学上，把古代遗留下来的村落、房屋、作坊和墓葬等称为遗迹；把古代遗留下来的生产工具、生活用具、武器和装饰品等称为遗物。

二、村落和建筑

仰韶文化的氏族村落，都分布在河流两岸的黄土台地[①]上，这主要是为了避免洪水的侵袭。河流转弯或两河交汇的地方，更是当时人们所喜欢居住的地点。人们为什么要选择这些地点建立村落呢？道理很简单，首先，因为人类的日常生活离不开水，而当时还不会凿井，考虑汲水的方便，就必须靠近水源居住。其次，这里又是适于农业、畜牧、狩猎和捕鱼等生产活动的好地方。

这也是人们乐意居住的重要原因之一。此外，近河地带交通也比较方便，便利人们相互之间的交往。仰韶文化村落的所在地，也常常是后来人们喜欢居住的地方。

这些氏族村落的分布，一般比较密集，村落之间的距离也不太远，有的隔河相对。考古学家们在三门峡水库地区内曾发现了六十九处仰韶文化村落遗址，远比其他时期的遗址要多得多。其他地区，也常常发现这种情况。这又是什么原因呢？原来当时的农业生产还很原始，采用“刀耕火种”②的耕作方法，而且又不懂得向地里施肥，这样经过一段时期以后，土地就不如以前那么肥沃，人们只好迁移到别的地方去开辟新的耕地，建立新的村落。甚至过了若干年以后又迁回旧地。这样沿着河流往来迁移的结果，在不同的地方就出现了许多居住点。由此可知，这许多密集的村落遗址，并不是同时建立起来的。到了后来，农业生产的水平提高了，人们能够在同一个地点居住较长的时期，迁移也就不再像过去那样频繁，因而，村落的数目也就显著地减少了。此外，由于人们学会了凿井，居住条件不再受水源的限制，村落也就不再像过去那样密集在河流的沿岸了。

村落的面积大小不等，一般从几万到十几万平方米，最大的有九十多万平方米。这些村落往往有一定的布局，比如西安的半坡就分居住区、公共墓地和窑场三部分，总面积约五万平方米。

居住区大体呈一个不规则的圆形，在这里已经发现了四五十座房屋遗址，密密地排列着，布局很有条理。这是氏族成员的住宅。在大约中心的地方有一座方形的大房子，可能是氏族举行会议或从事其他活动的公共活动场所。

根据已经发现的房屋遗迹和柱洞的位置，可以推测这些房子是采用比较进步的木架结构修筑的。当时黄河流域的木材资源相当丰富，加工也比较容易。这是当时盛行木架结构房屋的主要原因。房子的面积大小不等。

从房屋的形制上看，有两类建筑方法：一类是半地穴式的，分圆形和方形两种。圆形房屋是从地面向下挖一个土坑，再搭架盖成的。它的式样和地面的圆形房屋相似。方形房屋也是先从地面向下挖一个深约一米的方形或长方形的竖穴，在南边的正中开一条阶梯式或斜坡式的狭长门道，以便出入。屋内中央树立两根或四根木柱，支撑屋顶，木柱的下端都埋入地下，有的还在柱子下面垫上一大块石头，以防柱子下沉。这是我们所知道的最早的柱础。竖穴的周围也竖立了成排的木柱，用以支撑屋顶并构成墙壁的骨架。屋顶大体作四角尖锥状。

另外一类为地面建筑，有方形和圆形两种。方形的结构与前一类相似，只是处于地面，没有狭长的门道而已。圆形的以西安半坡所发现的最为完整，

根据遗迹复原的方形房屋

房屋的中央部分有四个或六个对称的柱洞，排成长方形，说明木柱所支撑的屋顶可能是两面坡的“人”字顶。房屋周围有一圈柱洞，我们可以据此推断墙壁是圆形的，门也向南开，门里两侧还各有一道隔墙。

屋顶和墙壁上都涂着一层草泥土（草拌泥）。屋内的地基压得比较缜密，有的还在黄土里掺入红烧土末，或在表面涂一层石灰质，这显然是为了隔潮。房子中央或迎门的地方，有一个灶坑，用以炊煮食物，保存火种。

房子附近，还有许多圆形的窖穴，一般都是口小底大。这是人们用来贮藏粮食或其他什物的地方。

根据遗迹复原的圆形房屋

在房屋和窖穴的废墟上，还发现了一些生活用具和生产工具，为复原当时的文化面貌和生活情况提供了丰富的资料。

居住区周围环绕着一条深、宽各五六米的壕沟，可能是人工挖成的一种用来防御野兽袭击的防御性设施。沟北面是氏族公共墓地，共发现成人墓葬一百多座，墓坑排列得很整齐，而且有固定的葬法。沟东面是烧制陶器的公共窑场。窑场里有聚集在一起的六座窑址，它们可能是供氏族成员共同使用的。

上述发现，为我们描绘出这样一幅图画：氏族成员们居住在一起，共同劳动，共同消费，过着平等互助的生活。

注释：

①指河流沿岸高亢而平坦的地方。

②农业季节到来的时候，人们首先把地里的树木荆棘砍掉，开辟出土地。草木晒干以后点火烧掉，然后再挖土播种。这种原始的耕作方法通常就叫作“刀耕火种”。

三、生产活动

前面我们曾经说过，新石器时代开始出现了农业。不过耕作技术还很原始。仰韶文化的人们就是采用“刀耕火种”的原始耕作方法从事生产的。农业生产主要由妇女担任。她们领导着氏族全体成员，共同劳动。他们把种子撒在土里以后，就不再进行田间管理，任凭禾苗自生自长，因此，田间杂草丛生，有的甚至比禾苗长得还茂盛。这样一来，禾苗的生长自然受到影响，所以产量很低。尽管这样，农业生产还是具有决定意义，它为人们提供了满足基本生活需要的粮食。

这时，人们生产的主要食粮是粟，因为它具有耐旱早熟的特点，非常适于生长在比较干燥的黄土地带。西安半坡、宝鸡北首岭和华县泉护村等遗址内都发现过粟壳。粟是我们祖先从野生植物里最早培植出来的一种农作物，几千年来一直是华北人民的主要食粮之一。

劳动工具比较简单，开地使用磨光的石斧，松土整地使用石铲和木锄，点种主要使用尖木棒，收割多使用带刃的石片或陶片。石片或陶片的两端各有一个缺口，可以系上绳子，套在手上使用；有的还是磨得很精致的长方形单孔石刀，也同样可以系绳。

在西安半坡还发现了盛着白菜籽和芥菜籽的陶罐，说明这时人们已经能够栽培蔬菜了。这是我国最早的园艺，对后来的影响也是很大的。

家畜饲养业也已开始出现，不过饲养的家畜种类不多，一般只有狗、猪两种。狗可以帮助狩猎，也可以供人们食用；猪是当时肉食的主要来源之一。在村落遗址里常常发现猪的骨骼，但是看来绝大部分都是小猪。这可能是由于饲料缺乏，无力饲养，或者因为人们的生活资料不够，只好杀掉小猪充饥。

渔猎活动主要是由男子负担的一种辅助性生产。前面说过，仰韶文化的人们都是在靠近河流的地方居住，所以捕鱼是很方便的。捕鱼的方法多种多样，有的用网捕；有的用骨头制成单排或双排倒刺的鱼叉，把叉头缚在木棒上，刺杀较大的鱼；也有用骨制鱼钩来钓鱼的。在西安半坡就曾经发现带着倒刺的骨制鱼钩，和现在使用的钢鱼钩形状很相似。

河谷中的沼泽地区和黄土高原上的森林地带，是狩猎的良好场所。狩猎的主要工具是弓箭。箭头用骨料或石头制成，十分锐利，可以射击跑得较快的动物。此外，还有使用陷阱、火焚等方法的。从发现的骨骼上可以看出，猎取的对象有鹿、獐①、狸、羚羊、兔、竹鼠②、雕③和野鸡等走兽飞禽。

采集活动由妇女和儿童担任。螺、蚌一类介壳生物和松子、榛子、栗子等植物种子以及植物的根块、菌类等，都是他们采集的对象。这些采集品是当时人们经常性的补充食物。采集活动虽不及农业生产重要，在当时也是不可缺少的一种辅助性生产。

由于多方面的生产活动，人们的物质生活比以前有了很大的改善，但是生活条件依然很艰苦。根据墓葬中死者的骨骼来判断，大多数人在三四十岁左右便结束了生命，而儿童夭折的比例更高。这些事实告诉我们，在远古的原始公社时期，我们的祖先生活还是非常贫困的。

注释：

①獐，兽名，形状很像鹿，但比鹿要小一些，毛黄黑色，头上没有角。

②竹鼠，形如小狗，吃竹根。

③雕，凶猛的鸟类动物，栖于深山，捕食野兔、小羊等。

四、手工业的发展

由于农业和其他生产活动的需要，原始手工业也得到相应的发展。

仰韶文化的原始手工业包括制石、制陶、制骨、纺织和编织等项目。它们同当时的生产活动和日常生活息息相关。

我们知道，石器是仰韶文化主要的生产工具。石器的制作方法有两种：一是打制，一是磨制。

打制就是用一块石头来敲砸另一

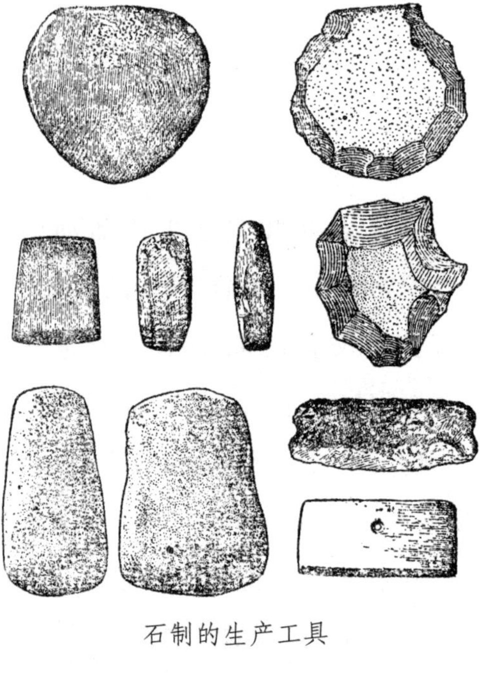

石制的生产工具

块石头，利用被敲破的那块石头的锋刃作为工具使用。打制石器制作起来比较方便，因此它所占的比例也较多，到了晚期才慢慢地减少下来。打制石器器形的种类不多，一般有盘状器、敲砸器、刮削器、石刀、网坠等数种。盘状器和敲砸器是敲砸什物的工具，刮削器是切割肉类和刮制皮革的工具，两侧带缺口的石刀是收割用的农具，网坠是坠渔网用的。

磨制方法是新石器时代普遍运用的一种石器制作方法，这时人们也广泛使用这种方法来制作石器。磨制石器的制作过程是首先把石料制成粗坯，然后放在砺石上蘸水加砂研磨，器身和锋刃的表面经过研磨之后，就变得异常平整光滑。磨制石器的制作方法虽然比打制石器要复杂得多，但是它比打制石器更便于使用，所以它的流行就愈来愈广泛，到了晚期打制石器就逐渐被磨制石器所代替。由于磨制石器的盛行，钻孔技术也更加普遍了。石器经过钻孔，装上木柄，使用起来就更加方便。

磨制石器的种类比较复杂，大抵根据用途的不同而出现了不同的器形。如斧、锛、凿等是砍伐树木、建造房屋和加工木器的工具。后来用金属制成的斧、锛等工具也还是承袭了这些形制。铲、刀是农业上使用的主要生产工具，石铲的形状呈心形或舌形。石刀多为长方形，刀身还钻有一个系绳索的小孔。现在华北一带农村使用的铁爪镰，还大体保持着这样的形制。狩猎用的箭头以及作为装饰品的坠、环等，也是磨制而成的。此外，属于磨制的石器还有磨盘、臼杵等加工工具。

陶器的出现，是新石器时代的主要特征之一。它不仅丰富了人们日常生活所需的用具，也加强了定居生活的稳固性。仰韶文化的制陶技术已经达到相当高的水平，为我国制陶工艺的发展奠定了良好的基础。

在仰韶文化村落遗址里，曾发现过一些窑址，像西安半坡密集在一处的有六座陶窑。这些陶窑一般都是在黄土中挖成一定的形状，用草拌泥筑成窑形。形制有两种：一种是横膛窑，前面有较长的筒形火膛，后面是直径一米左

各式各样的陶制生活用具

右的窑室。窑壁的顶部已经残缺，看样子不像是密封的。另一种是竖膛窑，在黄土中挖成竖形的火膛，有几股火道通入窑室，窑室的底部还没有窑箅，窑壁残缺，窑顶的情况也不很清楚。

烧制陶器的过程大体是这样：先把制好的陶坯放入窑室，然后在火膛里燃起火来，火焰通过火道进入窑室，经过一段时间以后，陶坯就被烧制成陶器。在烧制过程中，火候最高时可达一千摄氏度左右，因而烧出的陶器坚硬美观。由于陶窑不曾密封，陶坯中的氧化铁得以充分氧化，结果烧出的陶器绝大部分呈红色或红褐色。此外，也有少量的陶器烧制成灰色和黑色，这可能是由于烧法不同所致。上述情况可以说明，当时的人们已经掌握了烧窑的基本原理，陶窑的结构和控制火候等技术都达到了一定的水平。

制作陶器是一种专门技术，可能是由有制陶经验的妇女担任的。她们选用细腻的黏土作为原料，并根据器物的用途对原料进行适当加工。如烧制耐火的炊煮陶器就在原料里掺入适量的砂子。陶坯的制作方法大约是这样：先用水把陶土调好，搓成泥条，然后再用泥条回旋盘成陶坯的雏形，或者用泥圈叠筑成一定形状的粗坯，最后用手蘸水把里外抹平，口部用转动较慢的陶轮修整一下，陶坯就制成了。一般的大型陶坯都采用这种制法。比较小型的器物，多用捏塑的办法制成陶坯。

陶坯的表面有两种处理办法：一种是磨光，当陶坯半干以后，用光滑的石子压磨陶坯的表面，使它缜密平整，再经烧制，就显得光泽润滑，更加美观。这种压磨方法，使用得非常普遍。有的在压磨之后，还用赭石（红色）、氧化锰（黑色）和石灰质（白色）等矿物作为颜料，画上单色的几何纹图案或动物图画（也有少数采用两种以上的颜色）。有时在绘彩以前，还加涂一层白色或深红色的衬底，使整个画面更加鲜艳。这些绘彩的陶坯，经过高温烧制以后，就成为光彩耀目而不再脱彩的彩陶了。彩陶不仅可以使用，而且是一种优美的工艺美术品。另一种处理方法是在陶坯未干的时候，压印绳纹或条

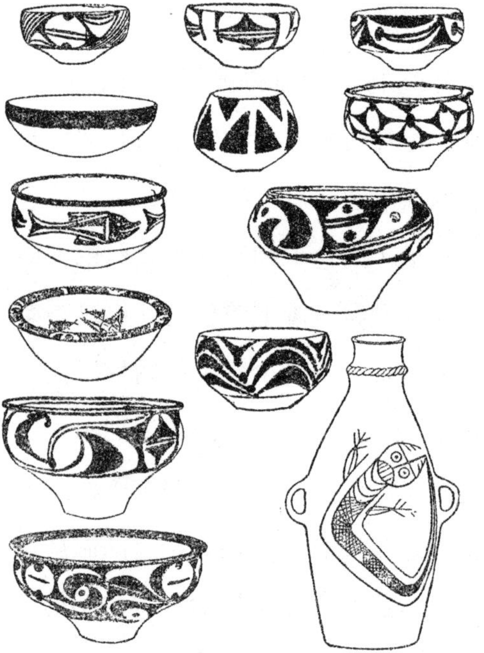

绚烂多彩的彩陶

纹。使用这种方法可以加固陶壁，同时这些纹饰又增加了陶器的美观。

为了适应人们日常生活各方面的需要，陶器也制成多种样式。像炊具有灶、鼎、釜、甑、罐等。陶灶还可以随意搬动，使炊事更加方便。饮食用具有碗、杯、盘、盆、钵等。贮藏食物或盛水的有大型的罐、瓮。汲水和运水的用具有小口尖底瓶和小口长颈大腹瓶。尖底瓶可以较快地沉入水中，汲水比较方便，直到汉代，汲水罐还基本上保持着类似的形制。

根据以上的不同用途，可以看出陶器的出现在人类的日常生活中具有相当重要的意义。

在生产工具和生活用具中，也有

不少是用兽骨、鹿角和河产的蚌壳制成的，其中尤以兽骨为最多。像骨制的箭头、鱼镖和鱼钩，为渔猎活动中不可缺少的工具。骨制的凿、锥、针等，可用来穿刺皮革，缝制衣服。还有许多束发用的磨制精致的骨簪。蚌壳制成的用具只有簪、坠和指环等少数几种装饰品，到了仰韶文化晚期才开始出现穿孔的蚌壳刀。

仰韶文化已经有了比较进步的纺织手工业。纺织的原料主要是野麻纤维。人们把野麻纤维剥取下来以后用石制或陶制的纺轮捻成细线，然后用原始的织布机织成麻布。据陶器上所印的麻布痕迹看来，每平方厘米内有经纬线各十根，和现在的粗麻布相近。有了

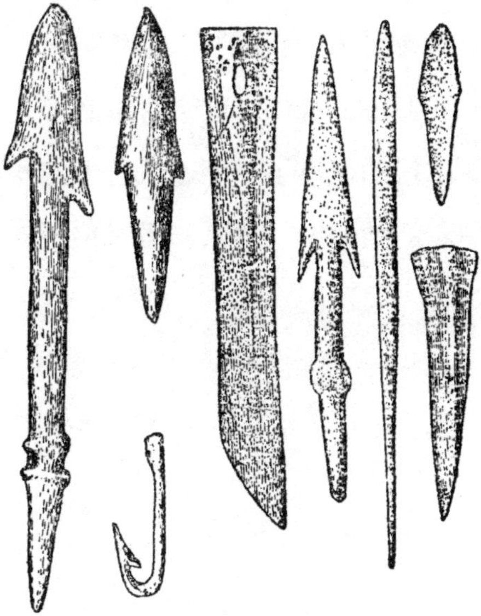

骨制的生产工具和生活用具

麻布，人们就能够缝制比较像样的衣服了。

在当时，编制工艺也是相当流行的。但是由于编制的东西很少保存下来，我们也就难以了解当时编制工艺方面所取得的成就了。不过从若干陶器底部印着的精致席纹看来，当时编制工艺应是相当发达的。

五、文化艺术

随着物质生活的改善，仰韶文化人们的文化艺术活动也是丰富多彩的。当时人们主要的文化艺术活动有绘画、雕塑、刻画符号、装饰等几项。其中最富有代表性的是画在彩陶上的各种纹饰。这些优美的纹饰具有独特的风格，它们是我们祖先的智慧和艺术才能的结晶，在我国古代艺术史上占有着光辉灿烂的一页。

彩陶的纹饰，主要分为几何线条

和写生图画两类。几何线条大抵有涡纹、三角涡纹、三角纹、条纹和圆点纹等几种。这些几何条纹组成各式各样的图案。图案一般都比较规整，有时相同的单元构成一组，有时不同的单元交互使用，也有的组成连续不断的带状纹，变化繁复。这些纹饰都富有图案装饰的意味。

写生的纹饰，数量不多，但也都栩栩如生，具有相当的艺术成就，使人看了赞叹不止。这些纹饰中，有奔驰的野鹿，有鹄立[①]、飞翔的野鸟，有嘴中衔鱼的水鸟，有张口露齿的大鱼，有匍匐、跳跃的青蛙，都是那么生动逼真。人们只有在长期的渔猎活动中，细致地观察了各种动物的姿态，才能创造出如此生动真实的写生作品。

此外，还有一些富于想象的作品，如西安半坡发现的人头像，头部滚圆，戴着尖顶形的饰物，眉毛粗浓，双眼眯成一线，鼻子是三角形的，还有一张呈对顶三角形的大嘴，耳部附近各有一条小鱼，也别有风趣。又如人头鱼身的动物形象，尖头圆脸，瞪着一双大圆眼，张着大口，一双长得有点像鱼鳍[②]的手向外伸出，鱼身弯曲而长，表现了人们丰富的想象力。

雕塑作品都是附着在陶器上的。如有的在陶罐外壁上塑几条壁虎，乍看起来像真的一样。有的把器盖塑成猫头鹰的头形，双眼滚圆，嘴巴很尖，生动地刻画了猫头鹰的面形。有的把陶器的

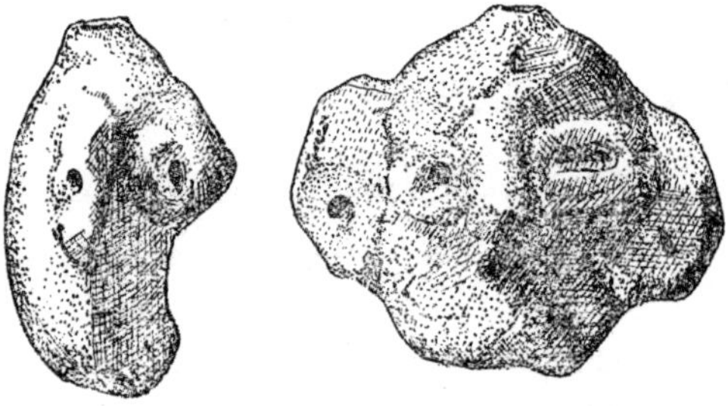

陶塑人头

盖钮塑成简单的兽形。还有一件陶塑的人头玩具，方脸大耳，隆鼻凸目，显得那么质朴可爱。

各种陶器的造型也富于变化，不仅实用，也可供欣赏。

在一些陶盆的口沿上，还曾发现了刻画的符号。这些符号有竖、横、斜、叉等几种，组成二十多种形状。这些符号的意义目前还不清楚。

在仰韶文化的遗址里，还发现了很多装饰品，如束发用的骨簪，绿松石和碧玉制成的耳坠，作为颈饰的穿孔蚌壳、兽牙、成串的骨珠，套在手指上的蚌壳制成的指环，佩带在腰间的陶环和石环，等等。男子和妇女使用的装饰品种类不尽相同，数量上似乎也是妇女的更多一些。

注释：

①形容野鸟站立的姿势如鹄那样，伸着脖子，提起脚跟，眼睛望着别处。

②鳍，鱼类的运动器官。

六、墓葬习俗

仰韶文化的每处村落遗址附近，都有大面积的氏族公共墓地。现在已经发现的墓葬有七百多座。墓葬一般都集中在一起，排列得比较整齐，不仅人头的方向一致，甚至有些墓坑几乎处于同一条直线上，各墓之间的距离也大体相等。这些特点，反映了当时传统的习惯和制度。每个人活着的时候是氏族的成员，死后也要葬埋在一起，因为他们幻想在另一个世界里还要和生前一样地过氏族的生活。

墓葬分单人葬和合葬两种，而以单人葬为最多。合葬墓又有各种不同形式，人数多少也不等，有的两个男子合葬在一起，有的四个女子合葬在一起，有的是母子合葬，有的是多人合葬。值得注意的是，到目前为止，还没有发现一对成年男女合葬或父子合葬的情况。这就说明仰韶文化的人们遵循着母系氏族的外婚制[①]，男子结婚后到女方的氏族里去生活，但死后仍要归葬在自己出生氏族的墓地里。

每座墓葬里，都有数量大体相近的随葬品。这是因为古代的人们都有灵魂不灭的观念，认为人死后还和生前一样地生活着，所以就要给死者随葬一些生前生产、生活所需的东西。随葬品中以汲水、炊煮、盛置和饮食等成套的陶制生活用具居多，也有少数的装饰品或生产工具。各个墓葬中的随葬品的种类和数量大体相同，一般没有显著差别，这说明私有制还没有出现。不过有些女性墓的随葬品比男子的多，可能由于当时妇女的社会地位较高。

仰韶文化的墓葬习俗，充分反映了当时社会关系的基本情况。

夭折的儿童，多采用瓮棺葬。死者被装入一个大型的陶瓮里，再在瓮口盖上一个陶盆或陶钵，盆钵的底部还凿上一个孔，然后将瓮棺埋入地下。年龄稍大一些的用两个陶瓮或尖底瓶对合在一起。瓮棺多埋葬在村落里房子附近或地基下面，有的也和母亲一起埋葬在氏族公共墓地里。

仰韶文化墓葬中的人骨，经人类学家研究，都属于蒙古人种，并接近于现代华南人的体质，证明仰韶文化的人们正是我们的祖先。

上面的叙述，为我们描绘出一幅仰韶文化人们生活的图景。从这里，我们了解到七八千年前的人类是怎样地生活着。那时候，还没有阶级，每个人都是氏族部落的成员，他们在一起共同劳动，共同消费，过着平等的生活。但是，由于当时生产水平很低，人们的生活是极为艰苦的。

他们为了生存，和大自然进行着长期而艰苦的斗争。他们以自己辛勤的劳动创造着历史，为人类的文明做出了巨大的贡献。

注释：

①母系氏族外婚制规定，本氏族的兄弟姊妹不能通婚，兄弟必须到相互通婚的对方氏族女子中寻找配偶。

出版说明

“新编历史小丛书”承自上世纪60年代吴晗策划的“中国历史小丛书”，其中不少名家名作是已经垂之经典的作品，一些措辞亦有写作伊初的时代特征。为了保持其原有版本风貌，再版过程中不做现代汉语的规范化统一。读者阅读时亦可从中体会到语言变化的规律。

新编历史小丛书编委会

图书在版编目（CIP）数据

仰韶文化 / 安志敏著. — 北京：北京人民出版社，2019.5

（新编历史小丛书）

ISBN 978-7-5300-0359-6

Ⅰ. ①仰… Ⅱ. ①安… Ⅲ. ①仰韶文化—普及读物 Ⅳ. ①K871.13-49

中国版本图书馆 CIP 数据核字（2017）第 009381 号

责任编辑 司徒剑萍 魏晋茹
责任印制 陈冬梅

新编历史小丛书

仰韶文化

YANGSHAO WENHUA

安志敏 著

出　　版 北京出版集团公司
　　　　 北京人民出版社
地　　址 北京北三环中路 6 号
邮　　编 100120
网　　址 www.bph.com.cn
总 发 行 北京出版集团公司
印　　刷 北京汇瑞嘉合文化发展有限公司
经　　销 新华书店
开　　本 880 毫米 ×1230 毫米 1/32
印　　张 2.5
字　　数 22 千字
版　　次 2019 年 5 月第 1 版
印　　次 2024 年 3 月第 6 次印刷
书　　号 ISBN 978-7-5300-0359-6
定　　价 18.00 元